shkolla - مدرسه   2
udhëtim - سفر   5
transport - حمل و نقل   8
qytet - شهر   10
peisazh - چشم انداز   14
restorant - رستوران   17
supermarket - سوپرمارکت   20
pije - نوشیدنی ها   22
ushqim - غذا   23
fermë - مزرعه   27
shtëpi - خانه   31
dhomë ndenjeje - اتاق نشیمن   33
kuzhinë - آشپزخانه   35
tualet - حمام   38
dhomë fëmijësh - اتاق بچه   42
veshje - لباس   44
zyrë - اداره   49
ekonomi - اقتصاد   51
profesionet - مشاغل   53
mjete - ابزارآلات   56
instrumenta muzikorë - آلات موسیقی   57
kopsht zoologjik - باغ وحش   59
sportet - ورزش ها   62
aktivitet - فعالیت ها   63
familje - خانواده   67
trupi - بدن   68
spital - بیمارستان   72
emergjencë - موقعیت اضطراری   76
toka - کره زمین   77
orë - ساعت   79
javë - هفته   80
vit - سال   81
forma - اشکال   83
ngjyra - رنگ ها   84
të kundërta - متضاد ها   85
numra - اعداد   88
gjuhët - زبان ها   90
kush / çfarë / si - چه کسی / چه چیزی / چگونه   91
ku - کجا   92

Impressum
Verlag: BABADADA GmbH, Nedderfeld 112 , 22529 Hamburg
Geschäftsführer / Verlagsleitung: Harald Hof
Druck: Books on Demand GmbH, In de Tarpen 42, 22848 Norderstedt

Imprint
Publisher: BABADADA GmbH, Nedderfeld 112 , 22529 Hamburg, Germany
Managing Director / Publishing direction: Harald Hof
Print: Books on Demand GmbH, In de Tarpen 42, 22848 Norderstedt, Germany

shkolla
مدرسه

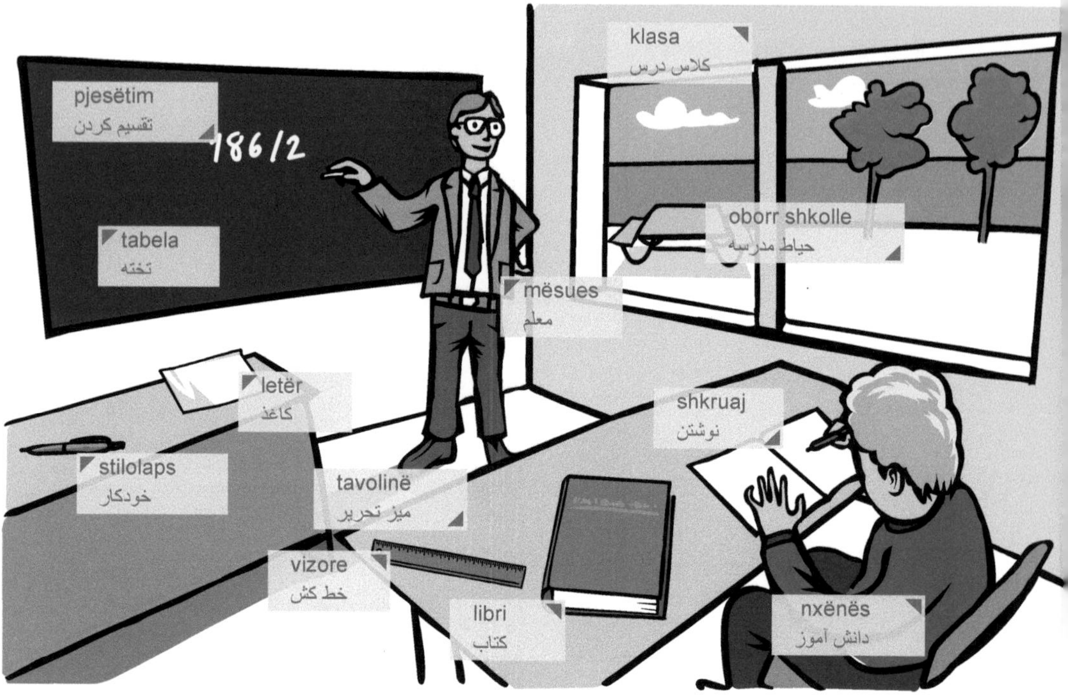
klasa
کلاس درس
pjesëtim
تقسیم کردن
186/2
tabela
تخته
oborr shkolle
حیاط مدرسه
mësues
معلم
letër
کاغذ
shkruaj
نوشتن
stilolaps
خودکار
tavolinë
میز تحریر
vizore
خط کش
libri
کتاب
nxënës
دانش آموز

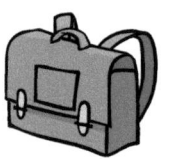

çantë
کیف مدرسه

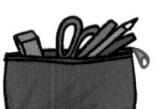

mbajtëse lapsash
جامدادی

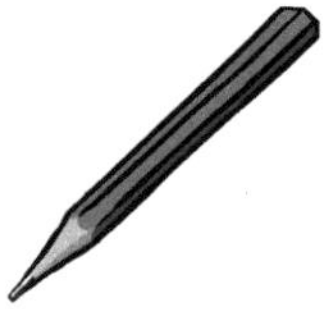

laps
مداد

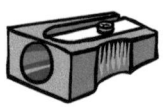

mprehës lapsash
تراش

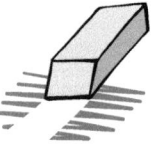

gomë
پاک کن

fletore vizatimi
دفتر رسم

vizatim

طراحى

penel

قلم مو

kuti bojërash

جعبه ى آبرنگ

gërshërë

قيچى

ngjitës

چسب

fletore detyrash

كتاب تمرين

detyrë shtëpie

تكليف خانه

numër

رقم

mbledh

جمع كردن

zbres

تفريق كردن

shumëzoj

ضرب كردن

llogaris

محاسبه كردن

gërmë

حرف الفبا

alfabeti

الفبا

fjalë

كلمه

tekst

متن

lexoj

خواندن

shkumës

گچ

mësim

درس

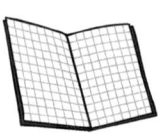

regjistër

ثبت نام

provim

امتحان

çertifikatë

مدرک رسمی

uniformë shkolle

لباس مدرسه

arsimim

تحصيلات

enciklopedia

دانشنامه

universitet

دانشگاه

mikroskop

ميکروسکوپ

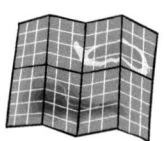

hartë

نقشه

kosh letrash

سبد کاغذ باطله

udhëtim

سفر

hotel
هتل
Grand
bujtinë
مسافرخانه
ROOMS
pikë këmbimi valutor
صرافی
CHANGE
valixhe
چمدان
makinë
اتومبیل

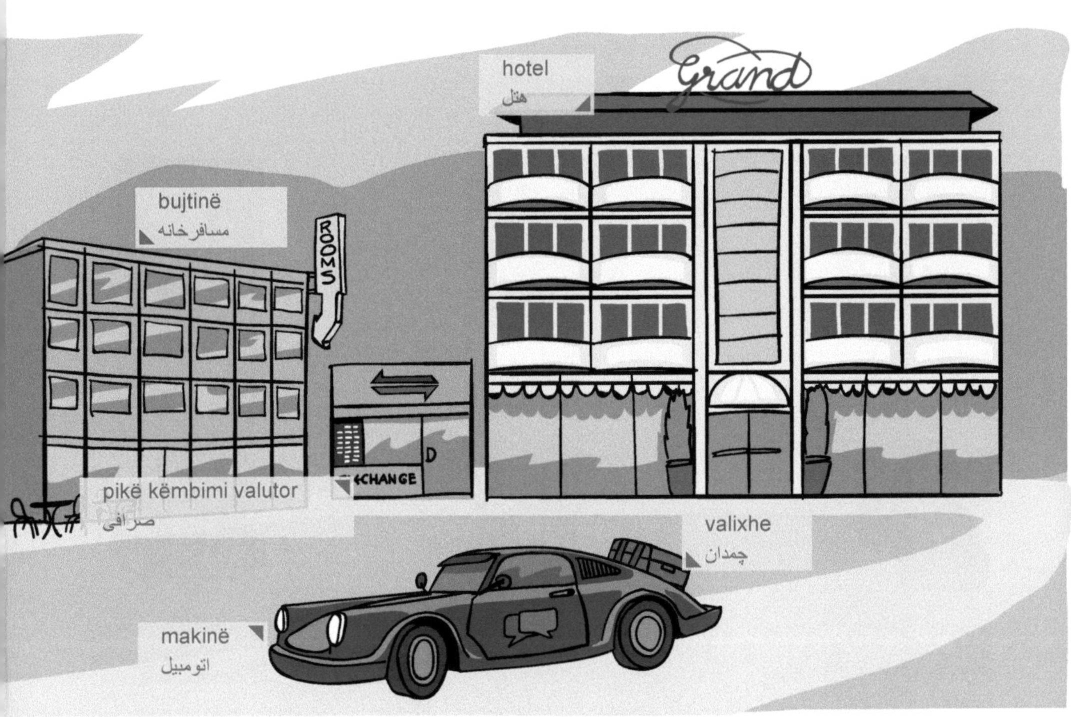

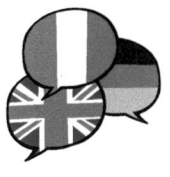

gjuhë

زبان

po / jo

بله / خیر

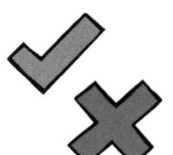

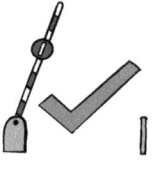

Në rregull

اکی

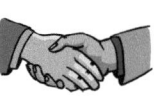

ç'kemi

سلام

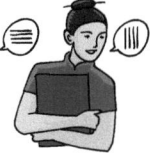

përkthyes

مترجم

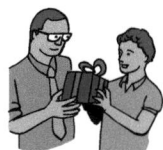

Faleminderit

ممنون

sa kushton…?

قیمت … چه قدر است؟

nuk e kuptoj

من متوجه نمی شوم

problem

مشکل

Mirëmbrëma!

عصر بخیر! / شب بخیر!

Mirëmëngjes!

صبح بخیر!

Natën e mirë!

شب بخیر!

mirupafshim

خداحافظ

drejtim

جهت

bagazhet

بار سفر

çantë

کیف

çantë shpine

کوله پشتی

mysafir

مهمان

dhomë

اتاق

thes gjumi

کیسه خواب

tendë

خیمه

informacion për turistët

مرکز راهنمای گردشگران

plazh

ساحل

kartë krediti

کارت اعتباری

mëngjes

صبحانه

drekë

نهار

darkë

شام

Biletë

بلیط

ashensor

آسانسور

pulla

مهر

kufi

مرز

doganë

گمرک

ambasadë

سفارتخانه

vizë

ویزا

pasaportë

گذرنامه

aeroplan
هواپیما

anije
كشتى

makinë zjarrfikëse
ماشين آتش نشانى

autobus
اتوبوس

kamion
كاميون

motoskaf
قايق موتورى

makinë
اتومبيل

biçikletë
دوچرخه

traget

كشتى مسافربرى

varkë

قايق

motoçikletë

موتورسيكلت

makinë policie

ماشين پليس

makinë garash

ماشين مسابقه

makinë me qira

ماشين كرايه اى

ndarje e qirasë së makinës

به اشتراک گذاری اتومبیل

karroatrec

جرثقیل

makinë plehrash

ماشین حمل زباله

motor

موتور

benzinë

بنزین

pikë karburanti

پمپ بنزین

sinjalistikë trafiku

تابلو راهنمایی و رانندگی

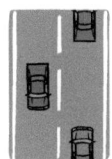

trafik

عبور و مرور

bllokim trafiku

ترافیک

parkim makinash

پارکینگ

stacion treni

ایستگاه قطار

trase

ریل راه آهن

tren

قطار

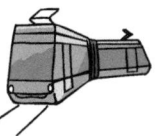

tramvaj

قطار برقی

karro

واگن

helikopter

هلیکوپتر

aeroport

فرودگاه

kullë

برج

pasagjer

مسافر

kontenier

کانتینر

kuti kartoni

کارتن

qerre

گاری

shportë

سبد

ngrihem / ulem

به پرواز درآمدن / فرود آمدن

qytet

شهر

fshat

دهکده

qendra e qytetit

مرکز شهر

shtëpi

خانه

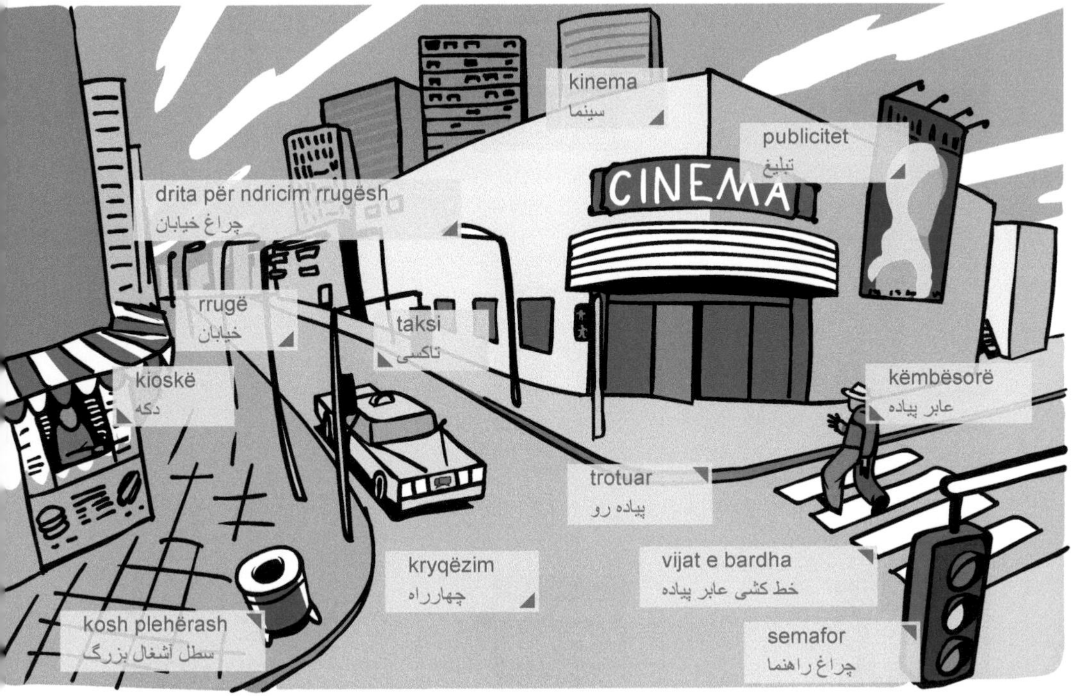

kasolle
كلبه

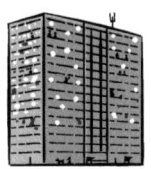

apartament
آپارتمان

stacion treni
ایستگاه قطار

bashki
ساختمان شهرداری

muze
موزه

shkolla
مدرسه

universitet

دانشگاه

bankë

بانک

spital

بیمارستان

hotel

هتل

farmaci

داروخانه

zyrë

اداره

librari

کتابفروشی

dyqan

مغازه

dyqan lulesh

گل فروشی

supermarket

سوپرمارکت

market

بازار

mapo

فروشگاه بزرگ

dyqan peshku

ماهی فروش

qëndër tregtare

مرکز خرید

port

بندر

park

پارک

stol

نیمکت

urë

پل

shkallë

پله

metro

مترو

tunel

تونل

stacion autobuzi

ایستگاه اتوبوس

bar

میخانه

restorant

رستوران

kuti postare

صندوق پست

sinjalistikë rrugore

تابلوی خیابان

kohëmatës parkimi

دستگاه پارکومتر

kopsht zoologjik

باغ وحش

pishinë

استخر شنای عمومی

xhami

مسجد

fermë

مزرعه

ndotje

آلودگی محیط زیست

varrezë

قبرستان

kishë

کلیسا

shesh lojërash

زمین بازی

tempull

معبد

peisazh

rtlچشم انداز

gjethe
برگ

tabela orientuese
تابلوی راهنمای مسیر

rrugë
راه

livadh
چمنزار

gurë
سنگ

ekskursionist
راه نورد

pemë
درخت

lumë
رودخانه

bar
چمن

lule
گل

rtl

luginë

دره

kodër

تپه

liqen

دریاچه

pyll

جنگل

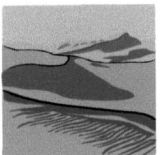

shkretëtirë

بیابان

vullkan

کوه آتشفشان

kështjellë

قلعه

ylber

رنگین کمان

kepudhë

قارچ

palmë

درخت نخل

mushkonjë

پشه

mizë

مگس

milingonë

مورچه

bletë

زنبور

merimangë

عنکبوت

peisazh - چشم انداز   15

brumbull

سوسک

bretkosë

قورباغه

ketër

سنجاب

iriq

جوجه تیغی

lepur

خرگوش صحرایی

buf

جغد

zog

پرنده

mjellmë

قو

derr i egër

گراز

dre

گوزن نر

dre brilopatë

گوزن شمالی

digë

سد آب

turbinë ere

توربین بادی

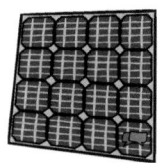

panel diellor

صفحه ی خورشیدی

klimë

آب و هوا

restorant

رستوران

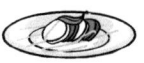

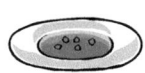

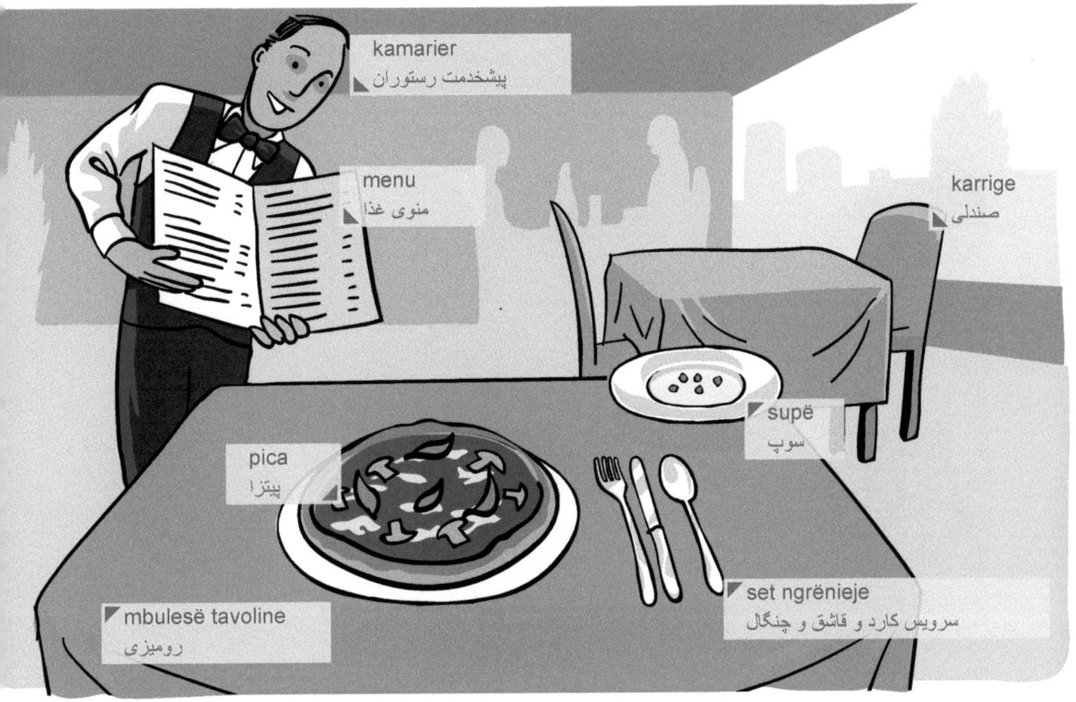
kamarier
پیشخدمت رستوران
menu
منوی غذا
karrige
صندلی
supë
سوپ
pica
پیتزا
set ngrënieje
سرویس کارد و قاشق و چنگال
mbulesë tavoline
رومیزی

pjatë e parë

پیش‌غذا

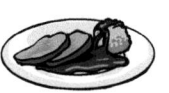

pjatë kryesore

غذای اصلی

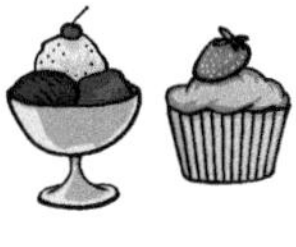

ëmbëlsirë

دسر

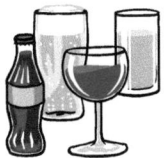

pije

نوشیدنی ها

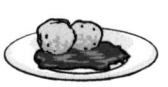

ushqim

غذا

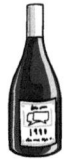

shishe

بطری

ushqim i shpejtë

فست فود

ushqim i shërbyer në rrugë

اغذیه خیابانی

ibrik çaji

قوری

kuti sheqeri

قندان

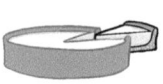

racion

پُرس غذا

makinë kafeje ekspres

دستگاه اسپرسو

karrige e lartë

صندلی پایه بلند غذاخوری بچه

faturë

صورتحساب

tabaka

سینی

thika

چاقو

pirun

چنگال

lugë

قاشق

lugë çaji

قاشق چایخوری

pecetë

دستمال سفره

gotë

لیوان

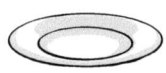

pjatë

بشقاب

pjatë supe

بشقاب سوپخوری

pjatë filxhani

نعلبکی

salcë

سس

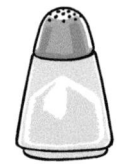

mbajtëse kripe

نمکدان

mulli piperi

ساب فلفل

uthull

سرکه

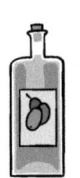

vaj

روغن خوراکی

erëza

ادویه جات

keçap

سس کچاپ

mustardë

سس خردل

majonezë

سس مایونز

supermarket

سوپرمارکت

ofertë speciale
پیشنهاد ویژه
FOR
klient
مشتری
produkte bulmeti
لبنیات
frut
میوه جات
karrocë pazari
چرخ دستی خرید

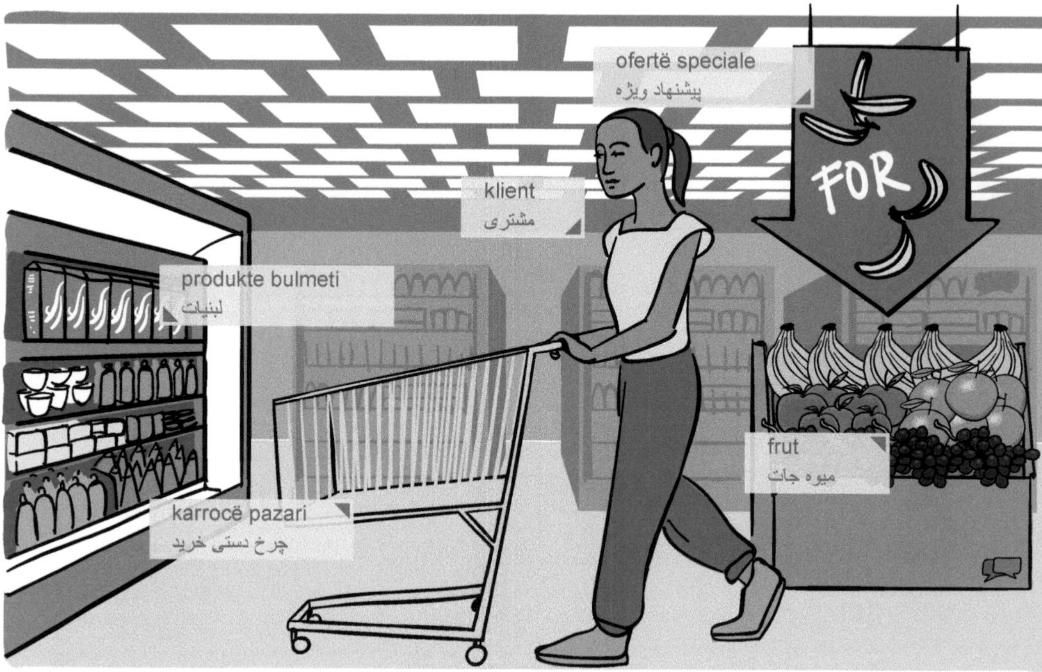

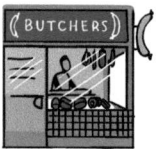

BUTCHERS

dyqan mishi

قصابی

BAKERY

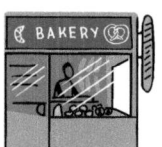

furrë buke

نانوایی

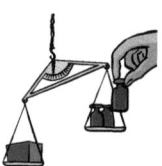

peshoj

وزن کردن

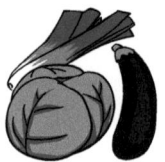

perime

سبزیجات

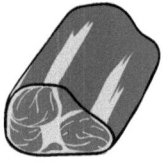

mish

گوشت

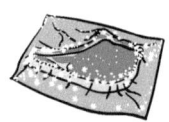

ushqim i ngrirë

غذای منجمد

copë

مخلوطی از انواع کالباس یا پنیر که
ورقه ای بریده شده باشند

ushqim i konservuar

غذای کنسروی

pluhur larës

پودر لباسشویی

ëmbëlsirat

شیرینی جات

prodhime shtëpie

لوازم خانگی

produkte pastrimi

ماده شوینده و پاک کننده

shitëse

فروشنده

kasë fiskale

صندوق پرداخت

arkëtar

صندوقدار

listë blerjeje

لیست خرید

oraret e punës

ساعات کار

portofol

کیف پول

kartë krediti

کارت اعتباری

çantë

کیف

qese plastike

کیسه ی پلاستیکی

ujë

آب

lëng frutash

آبميوه

qumësht

شير

koka-kola

نوشابه كوكاكولا

verë

شراب

birrë

آبجو

alkool

الكل

kakao

كاكائو

çaj

چای

kafe

قهوه

kafe ekspres

قهوه اسپرسو

kapuçino

كاپوچينو

banane

موز

mollë

سیب

portokalle

پرتقال

pjepër

انواع هندوانه و خربزه

limon

لیمو

karrotë

هویج

hudhër

سیر

bambu

نی بامبو

qepë

پیاز

kërpudha

قارچ

arra

آجیل

makarona

ماکارونی

spageti

اسپاگتی

oriz

برنج

sallatë

سالاد

patate të skuqura

سیب زمینی سرخ کرده

patate të skuqura

سیب زمینی سرخ شده

pica

پیتزا

hamburger

همبرگر

sanduiç

ساندویچ

shnicel

شنیتسل

proshutë

ژامبون خوک

sallam

سالامی

salçiçe

سوسیس

pulë

مرغ

skuq

نوعی گوشت سرخ شده

peshk

ماهی

tërshërë

جوی پرک شده

drithëra

نوعی صبحانه مخلوطی از برگه ذرت و میوه های خشک شده و خشکبار که معمولا با شیر خورده می شود

kornfleiks

کورن‌فلکس

miell

آرد

kruasant

کرواسان

panine

نان بروتشن

bukë

نان

tost

نان تست

biskotë

بیسکویت

gjalp

کره

gjizë

کشک

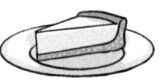

tortë

کیک

vezë

تخم مرغ

vezë sy

تخم مرغ نیمرو

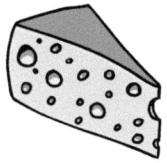

djathë

پنیر

akullore

بستنى

sheqer

شكر

mjaltë

عسل

marmaladë

مربا

çokokrem

كرم شكلاتى بادامى

këri

ادويه كارى

shtëpi fermë
خانه ی مزرعه داران

deng bari
خرمن‌گاه

hangar
انبار غله

fushë
مزرعه

kal
اسب

rimorkio
ماشین یدک کش

kërriç
کره اسب

traktor
تراکتور

gomar
خر

dele
گوسفند

qengj
بره

dhi
بز

lopë
گاو ماده

viç
گوساله

derr
خوک

derrkuc
بچه خوک

dem
گاو نر

patë

غاز

rosë

اردک

zog pule

جوجه

pulë

مرغ

gjel

خروس

mi

موش صحرایی

mace

گربه

mi

موش

buall

گاو نر اخته

qen

سگ

kolibe qeni

لانه ی سگ

zorrë vaditëse

شلنگ باغبانی

vaditëse

آبپاش

kosë

داس دسته بلند

plug

گاوآهن

drapër

داس

shat

بیل کج

kosa

چنگک باغبانی

sëpatë

تبر

karrocë

فرقون

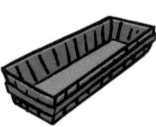

govatë

آبشخور

bidon qumështi

بطری نگهداری شیر

thes

کیسه

gardh

حصار

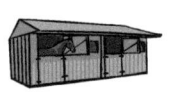

ahur

اصطبل

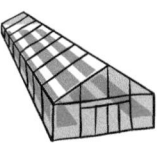

serë

گلخانه

dhe

خاک

farë

بذر

pleh

کود

autokombanjë

ماشین کمباین

korr

برداشت کردن محصول

te korrat

محصول

patate e ëmbël "Yam"

تمیس

grurë

گندم

soja

سویا

patate

سیب زمینی

misër

ذرت

raps

کلزا

pemë frutore

درخت میوه

zhardhok manioku

گیاه مانیوک

drithëra

غلات

shtëpi
خانه

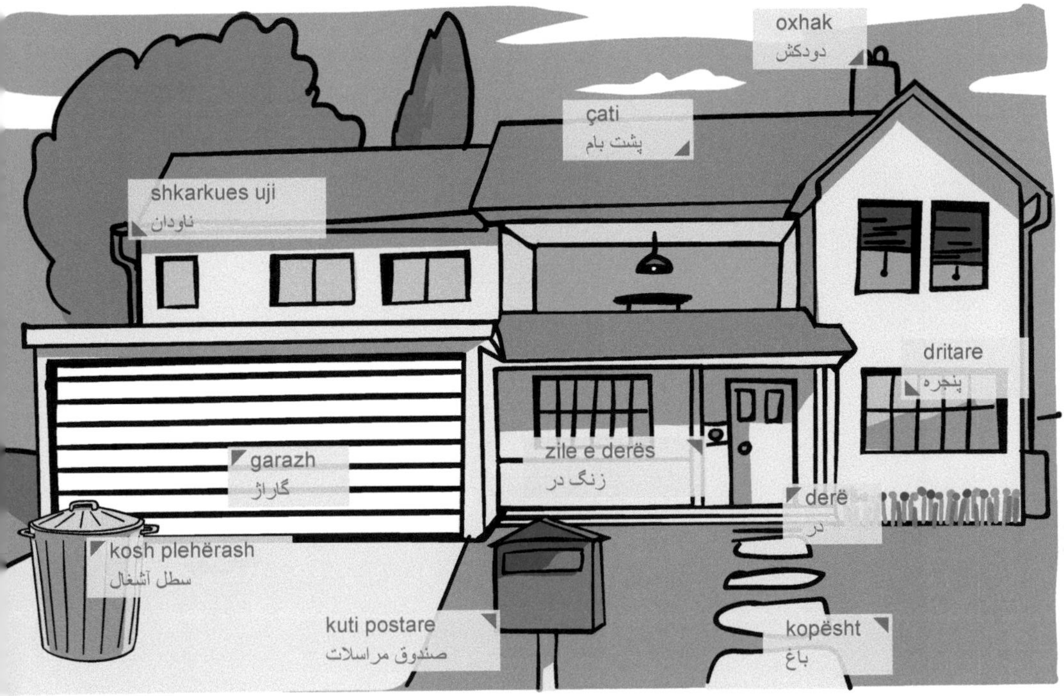
oxhak
دودکش
çati
پشت بام
shkarkues uji
ناودان
dritare
پنجره
zile e derës
زنگ در
garazh
گاراژ
derë
در
kosh plehërash
سطل آشغال
kuti postare
صندوق مراسلات
kopësht
باغ

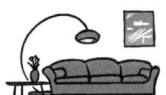

dhomë ndenjeje

اتاق نشیمن

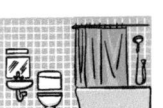

tualet

حمام

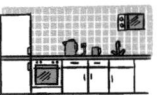

kuzhinë

آشپزخانه

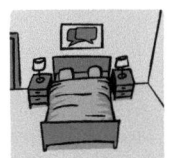

dhomë gjumi

اتاق خواب

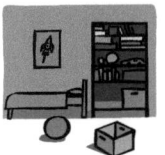

dhomë fëmijësh

اتاق بچه

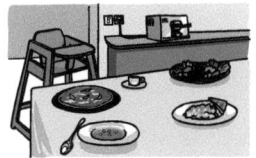

dhomë ngrënieje

ناهارخوری

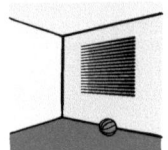

dysheme

كف زمين

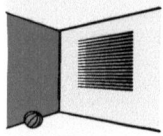

mur

ديوار

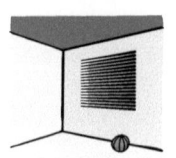

tavan

سقف

bodrum

زيرزمين

sauna

سونا

ballkon

بالكن

tarracë

تراس

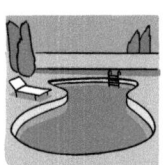

pishinë

استخر

kositëse bari

ماشين چمنزنى

çarçaf

ملافه

kuvertë

روتختى

krevat

تخت خواب

fshesë dore

جارو

kovë

سطل

çelës

سويچ يا كليد

dhomë ndenjeje

اتاق نشیمن

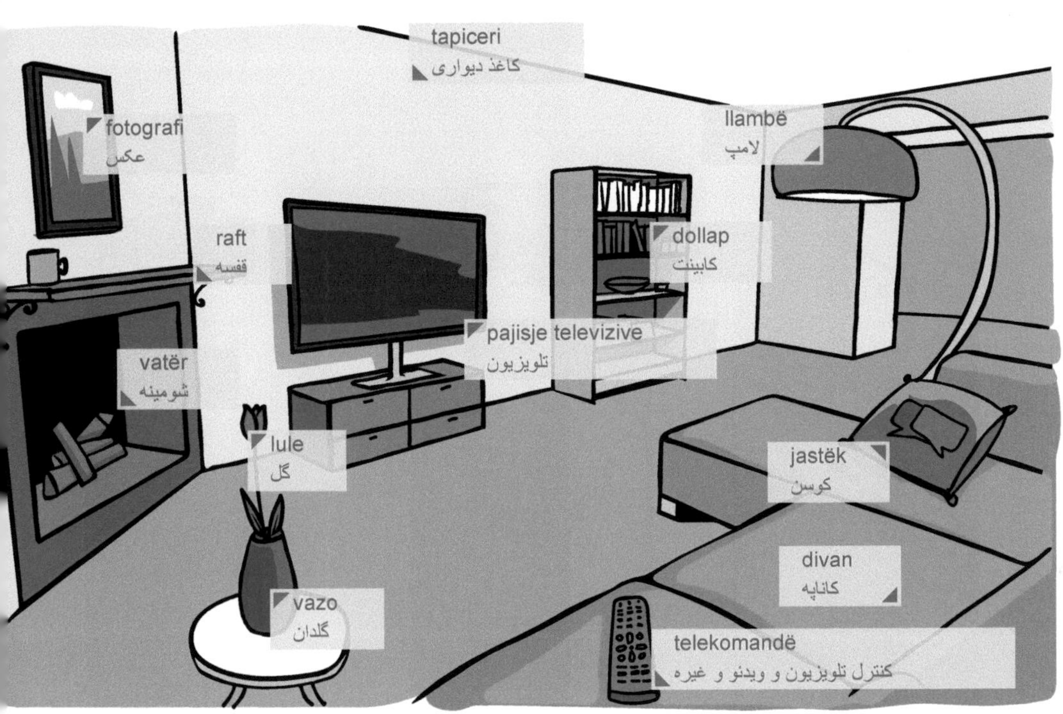
tapiceri
کاغذ دیواری
fotografi
عکس
llambë
لامپ
raft
قفسه
dollap
کابینت
pajisje televizive
تلویزیون
vatër
شومینه
lule
گل
jastëk
کوسن
divan
کاناپه
vazo
گلدان
telekomandë
کنترل تلویزیون و ویدئو و غیره

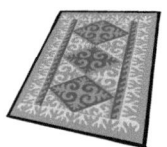

qilim

فرش

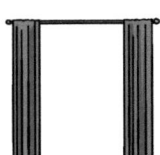

perde

پرده

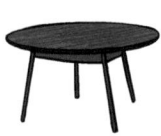

tavolinë

میز

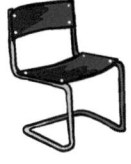

karrige

صندلی

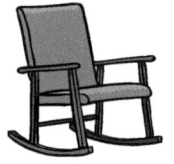

karrige lëkundëse

صندلی گهواره ایی

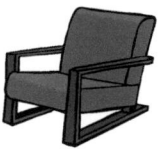

kolltuk

صندلی راحتی

libri

كتاب

batanije

لحاف

zbukurime

دکوراسیون

dru zjarri

هیزم

film

فیلم

stereo

دستگاه ضبط صوت

çelës

کلید

gazetë

روزنامه

pikturë

تابلو نقاشی

afishe

پوستر

radio

رادیو

bllok shënimesh

دفترچه یادداشت

fshesë me korent

جاروبرقی

kaktus

کاکتوس

qiri

شمع

kuzhinë
آشپزخانه

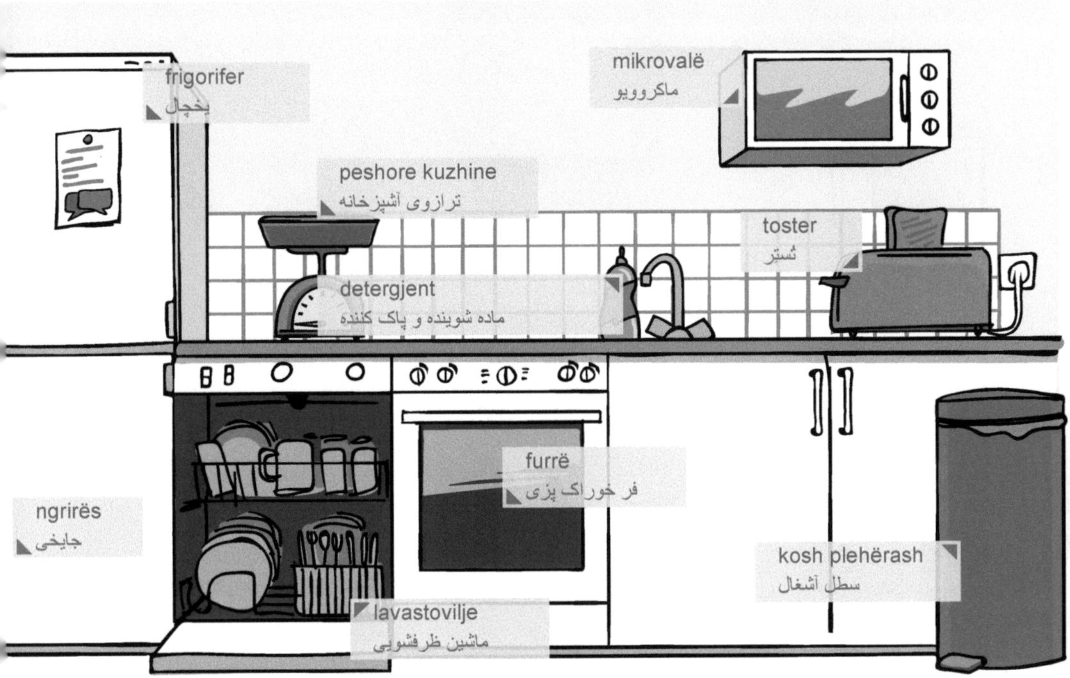
frigorifer
یخچال
mikrovalë
ماکروویو
peshore kuzhine
ترازوی آشپزخانه
toster
تُستر
detergjent
ماده شوینده و پاک کننده
furrë
فر خوراک پزی
ngrirës
جایخی
kosh plehërash
سطل آشغال
lavastovilje
ماشین ظرفشویی

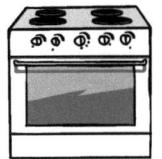

sobë
اجاق گاز

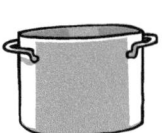

tenxhere
قابلمه

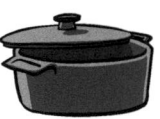

tenxhere me kapak
قابلمه چدنی

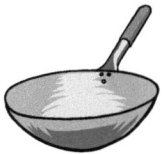

tigan special (Wok)
ماهی تابه گود

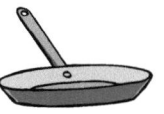

tigan
ماهی تابه

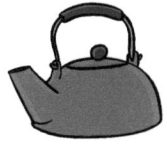

çajnik
کتری

tenxhere me avull

بخارپز

tavë pjekjeje

سینی فر

enë

ظرف چینی آشپزخانه

filxhan

لیوان

tas

کاسه

shkopinj

چاپستیک

garuzhde

ملاقه

spatul

کفگیر

tel kuzhine

همزن

kulluese

آبکش

sitë

آبکش

rende

رنده

havan

هاون

skarë

باربیکیو

zjarr

محل مخصوص افروختن آتش

dërrasë për prerje

تخته گوشت و سبزی

okllai

وردنه

heqëse tapash

در بطری بازکن

kanaçe

قوطی

hapëse kanaçeje

در قوطی بازکن

rrobë për të kapur tenxheren

دستگیره پارچه ای

lavaman

سینک ظرفشویی

furçë

برس گردگیری

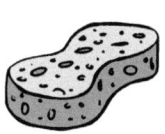

sfungjer

اسفنج

përzjerës

مخلوط کن

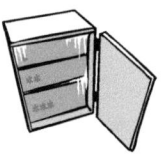

ngrirës

فریزر

biberon për lëngje

شیشه شیر بچه

rubinet

شیر آب

tualet

حمام

ngrohje
بخاری
peshqirë
حوله
dush
دوش
perde dushi
پرده ی حمام
vaskë me shkumë
حمام کف
vaskë
وان حمام
gotë
لیوان
lavatriçe
ماشین لباسشویی
rubinet
شیر آب
pllaka
کاشی
oturak
لگن دستشویی کودکان
lavaman
سینک ظرفشویی

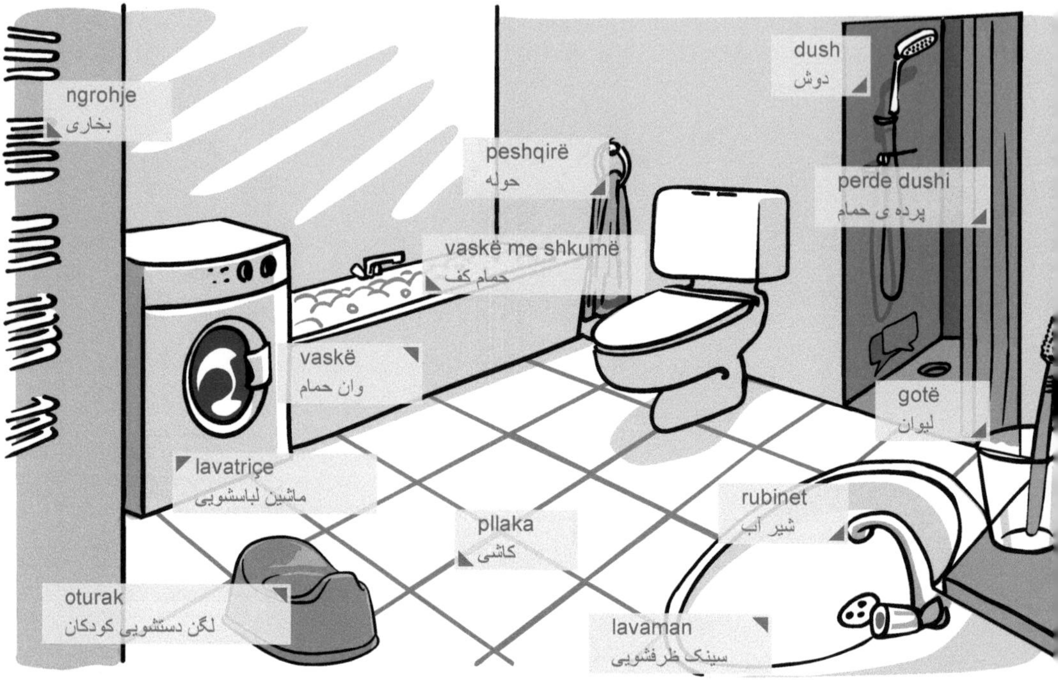

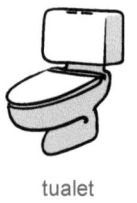

tualet

توالت

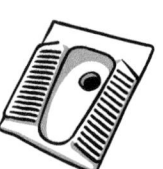

WC e sheshtë

توالت ایرانی

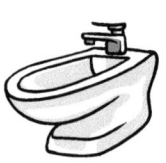

bide

کاسه توالت

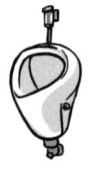

tualet publik

توالت مخصوص آقایان

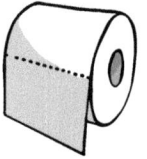

letër higjienike

دستمال توالت

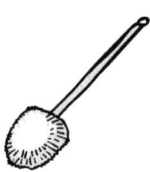

furçe për WC

فرچه توالت

furçë dhëmbësh

مسواک

pastë dhëmbësh

خمیردندان

fije dentare

نخ دندان

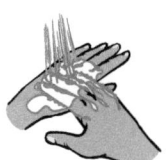

laj

شستن

dorezë dushi

دوش آب تلفنی

larës për zonën intime

شلنگ توالت

legen

لگن روشویی

furçë për masazh shpine

برس شست و شوی پشت

sapun

صابون

shampo trupi

شامپو بدن

shampo

شامپو

leckë pastruese

لیف حمام

kullues

راه آب

krem

کرم

antidjersë

اسپری دئودورانت

pasqyrë

آیینه

pasqyrë dore

آیینه ی کوچک دستی

brisk rroje

تیغ ریش تراشی

shkumë rroje

کف ریش‌تراشی

locion pas rrojes

آفترشیو

krehër

شانه ی سر

furçë

برس

tharëse flokësh

سشوار

llak për flokët

اسپری مو

grim

آرایش

buzëkuq

رژلب

manikyr

لاک ناخن

mbushje pambuku

پنبه

gërshërë për thonj

قیچی ناخن

parfum

عطر

çantë për sendet personale

کیف لوازم آرایشی و بهداشتی

Stol

چهارپایه

peshore

ترازو

robëdëshambër

حوله ی پالتویی

dorashka gome

دستکش ظرفشویی

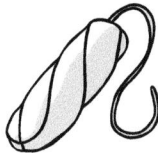

tampon

تامپون

peceta higjienike

نوار بهداشتی

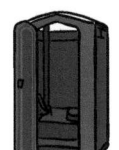

tualet I lëvizshëm

توالت سیار

dhomë fëmijësh

اتاق بچه

orë me zile
ساعت زنگدار
lodra me pellushë
نوعی عروسک نرم به شکل حیوانات
makinë lodër
ماشین اسباب بازی
rraketake
جغجغه
shtëpi kukullash
خانه ی عروسکی
dhuratë
کادو

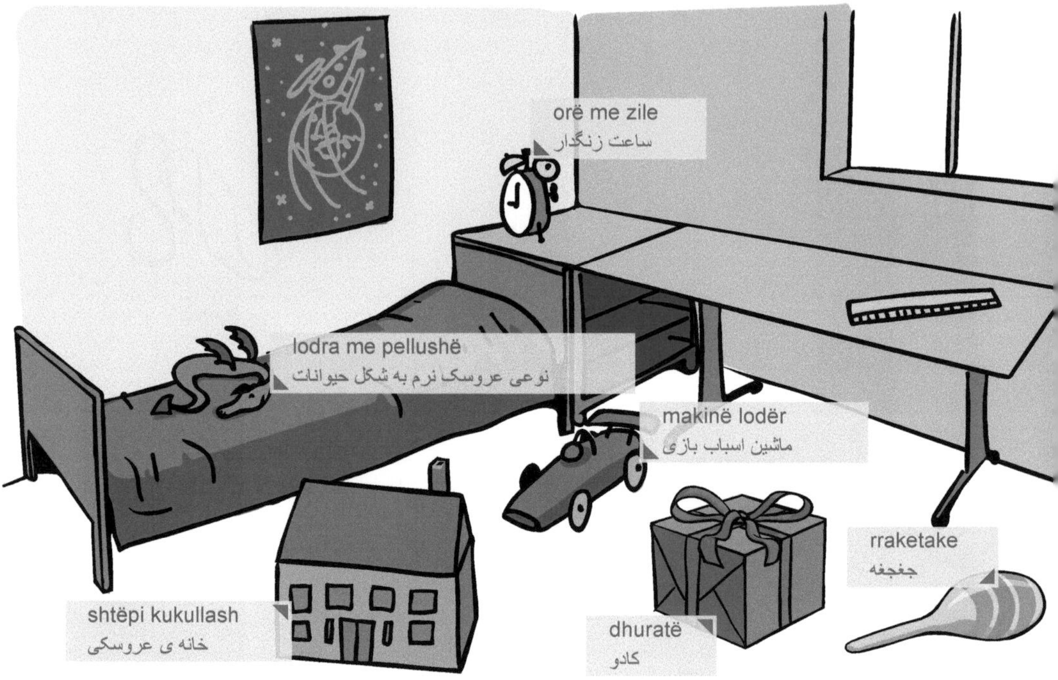

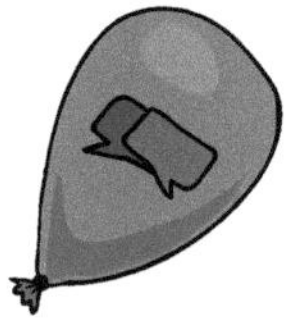

tollumbace

بادکنک

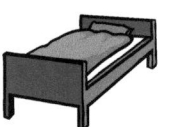

krevat

تخت خواب

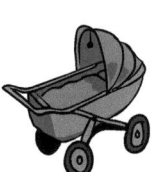

karrocë fëmijësh

کالسکه بچه

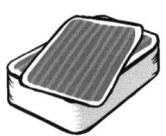

lojë me letra

بازی ورق

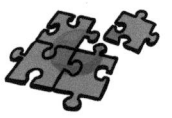

bashkim pjesësh me figura

پازل

SUPER MEGA

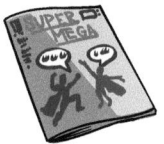

komik

داستان مصور

formuese lodër
....
اسباب بازی لگو

kuba plastikë
....
خانه سازی

lodra
....
عروسک شخصیت های فیلم و کارتون

badi
....
لباس نوزاد

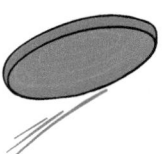

frizbi
....
فریزبی

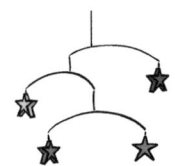

lodra të varura tek krevati i
fëmijëve
....
نوعی اسباب بازی که روی تخت نوزاد
یا کودک نصب می شود

tavolinë lojërash
....
بازی روی صفحه

zare
....
تاس

model treni
....
قطار اسباب بازی

biberon
....
پستانک

festë
....
مهمانی

libër me ilustrime
....
کتاب مصور

top
....
توپ

kukull
....
عروسک

luaj
....
بازی کردن

grumbull rëre

جعبه شنی مخصوص بازی کودکان

kolovarëse

تاب

lodra

اسباب بازی

leva për lojra video

کنسول بازی های کامپیوتری

triçikël

سه چرخه

arush prej pellushi

خرس عروسکی

garderobë

کمد لباس

çorape

جوراب

çorape të gjata

جوراب زنانه ساق بلند

geta

جوراب شلواری

shall
شال

çadër
چتر

bluzë pa jakë
تی شرت

rrip
کمربند

çizme
پوتین

pantofla
دمپایی

atlete
کفش ورزشی کتانی

sandale
....
صندل

këpucë
....
کفش

çizme llastiku
....
چکمه پلاستیکی

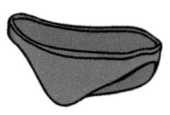

të mbathura
....
شرت

reçipeta
....
سوتین

kanotierë
....
جلیقه

trup

بادی

pantallona

شلوار

xhinse

جین

fund

دامن

bluzë

بلوز

këmishë

پیراهن

pulovër

پولیور

triko

سویی شرت

xhaketë

نوعی کت

xhaketë

ژاکت

pallto

کت بلند

mushama shiu

بارانی

kostum

لباس نمایش

fustan

لباس

fustan nusërie

لباس عروس

kostum

كت و شلوار

këmishë nate

لباس خواب زنانه

pizhama

پیژامه

sari (veshje tradicionale indiane)

ساری

shami koke

روسری

çallmë

عمامه

veshje për femrat e besimit musliman

برقع

kaftan (lloj veshjeje tradicionale)

قبا

ferexhe

عبا

kostum banje

لباس شنا

rroba banje

شرت شنا

pantallona të shkurtra

شلوارک

tuta sporti

لباس ورزشی

përparëse

پیشبند

dorashka

دستکش

kopsë

دکمه

syze

عینک

byzylyk

دستبند

gjerdan

گردنبند

unazë

انگشتر

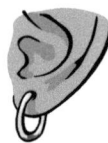

vath

گوشواره

kapuç

کلاه لبه دار

varëse për pallto

چوب لباسی

kapele

کلاه

kravatë

کراوات

zinxhir

زیپ

helmetë

کلاه ایمنی

tiranda

بند شلوار

uniformë shkolle

لباس مدرسه

uniformë

لباس فرم

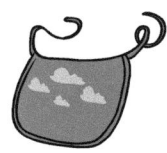

gushore

پیش بند بچه

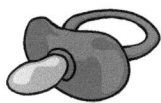

biberon

پستانک

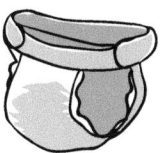

pelenë

پوشک بچه

zyrë

اداره

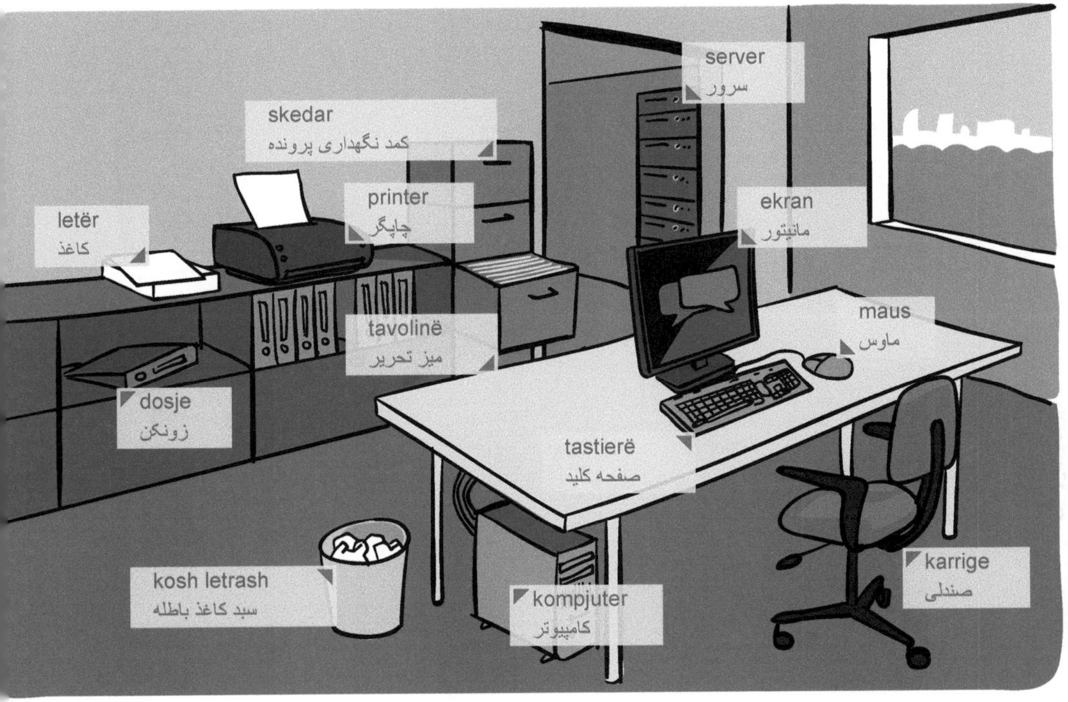
server
سرور
skedar
کمد نگهداری پرونده
printer
چاپگر
letër
کاغذ
ekran
مانیتور
maus
ماوس
tavolinë
میز تحریر
dosje
زونکن
tastierë
صفحه کلید
kosh letrash
سبد کاغذ باطله
kompjuter
کامپیوتر
karrige
صندلی

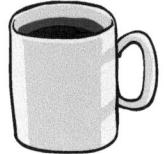

filxhan kafeje

لیوان قهوه

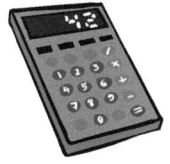

makinë llogaritëse

ماشین حساب

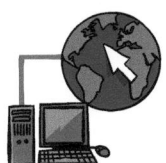

internet

اینترنت

kompjuter portativ

لپ تاپ

letër

نامه

mesazh

پیغام

telefon

تلفن همراه

rrjet

شبکه ی ارتباطی

fotokopje

دستگاه فتوکپی

program

نرم افزار

telefon

تلفن

prizë

پریز

pajisje faksi

دستگاه فاکس

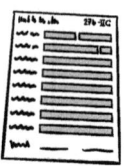

formular

فرم

dokument

مدرک

blej

خریدن

paguaj

پرداخت کردن

tregtoj

تجارت کردن

para

پول

dollar

دلار

euro

یورو

jen

ین

rubla

روبل

franga zvicerane

فرانک سوئیس

juani kinez

یوان رنمینبی

rupje

روپیه

bankomat

دستگاه خودپرداز

pikë këmbimi valutor

صرافی

ar

طلا

argjend

نقره

nafta

نفت

energji

انرژی

çmim

قیمت

kontratë

قرارداد

taksë

مالیات

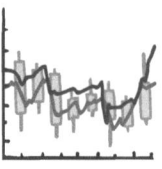

aksione

سهام سرمایه

punoj

کار کردن

punonjës

کارمند

punëdhënës

کارفرما

fabrikë

کارخانه

dyqan

مغازه

profesionet
مشاغل

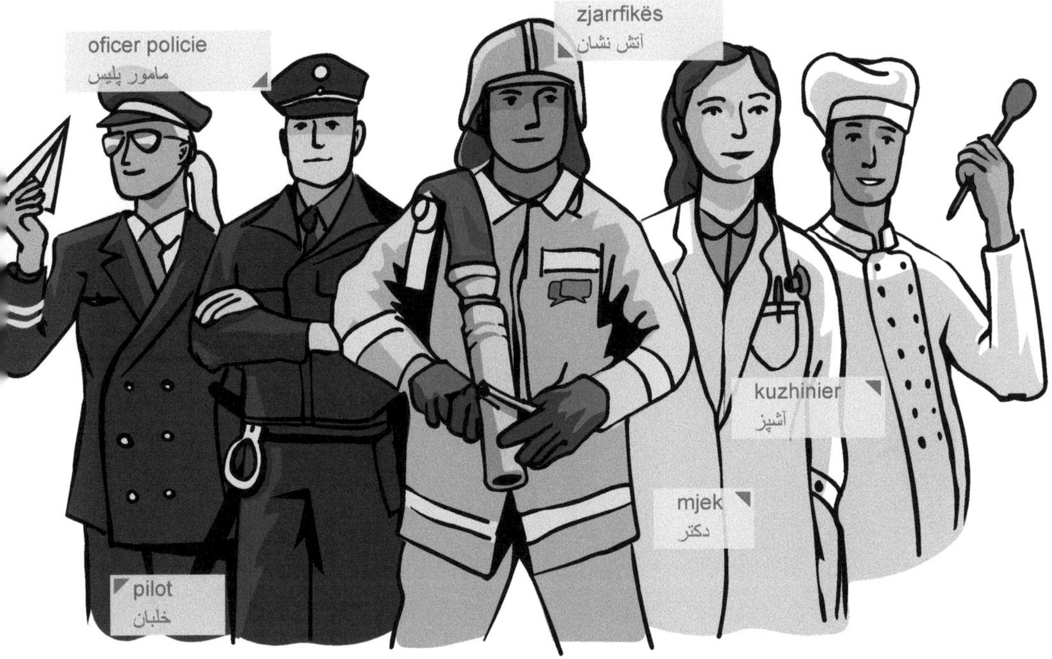
zjarrfikës
آتش نشان
oficer policie
مامور پلیس
kuzhinier
آشپز
mjek
دکتر
pilot
خلبان

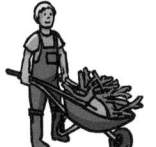

kopshtar

باغبان

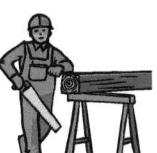

marangoz

نجار

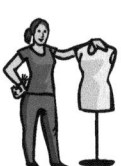

rrobaqepëse

خیاط زنانه

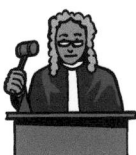

gjykatës

قاضی

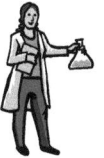

kimist

شیمیدان

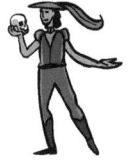

aktor

بازیگر

shofer autobuzi

راننده اتوبوس

taksist

راننده تاکسی

peshkatar

ماهیگیر

pastruese

نظافتچی زن

riparues çatish

سقف ساز

kamarier

پیشخدمت رستوران

gjuetar

شکارچی

piktor

نقاش

furrxhi

نانوا

elektriçist

برقکار

ndërtues

کارگر ساختمانی

inxhinier

مهندس

kasap

قصاب

hidraulik

لوله کش

postieri

پستچی

ushtar

سرباز

arkitekt

معمار

arkëtar

صندوقدار

luleshitës

گل فروش

berber

آرایشگر

kontrollor

مامور کنترل بلیط در قطار

mekanik

مکانیک

kapiten

ناخدا

dentist

دندانپزشک

shkencëtar

دانشمند

rabin

عالم یهودی

imam

امام

murg

راهب

klerik

کشیش

mjete
ابزارآلات

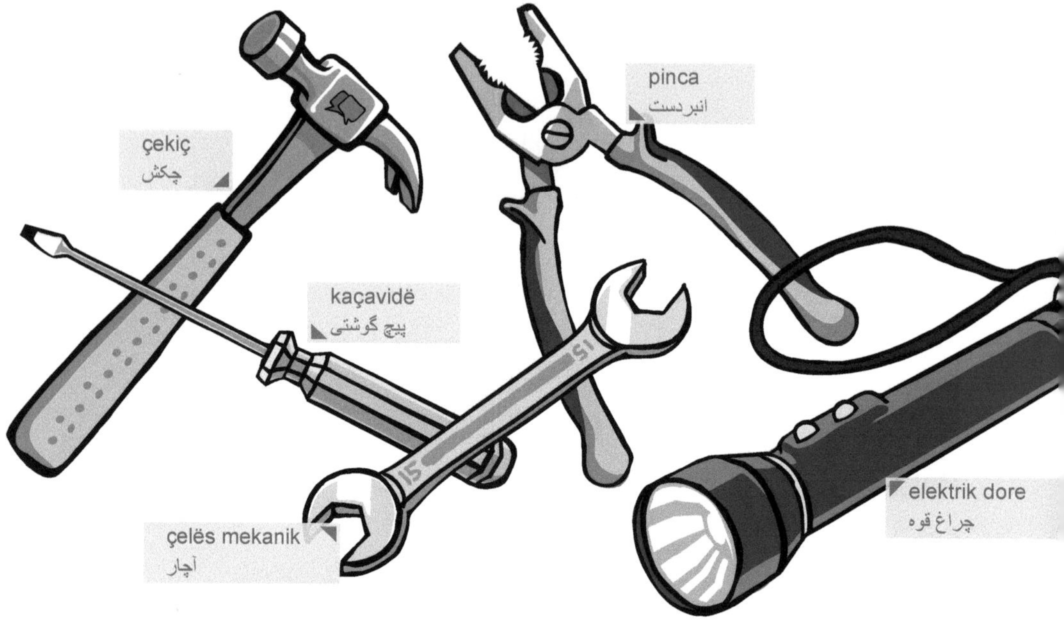

pinca
انبردست
çekiç
چکش
kaçavidë
پیچ گوشتی
elektrik dore
چراغ قوه
çelës mekanik
آچار

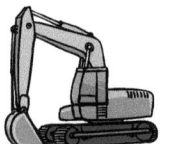

ekskavator

بیل مکانیکی

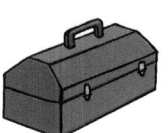

kuti veglash

جعبه ابزار

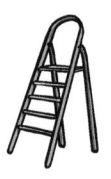

shkallë

نردبان

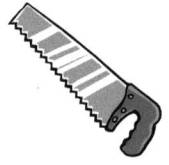

sharrë

ارّه

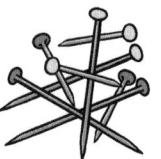

gozhdë

میخ

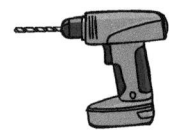

trapan

مته

riparoj
تعمیر کردن

lopatë
بیل

Dreq!
لعنتی!

kaci
خاک انداز

kuti boje
سطل رنگرزی

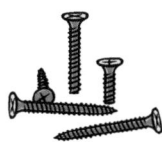

vidhë
پیچ

instrumenta muzikorë
آلات موسیقی

altoparlant
بلندگو

bateri
درامز

kitare
گیتار

kontrabas
کنترباس

trompë
ترومپت

piano

پیانو

violinë

ویولن

bas

گیتار بیس

tamburë

تیمپانی

daulle

طبل

tastierë pianoje

کیبورد الکتریک

saksofon

ساکسیفون

flaut

فلوت

mikrofon

میکروفون

kopsht zoologjik

باغ وحش

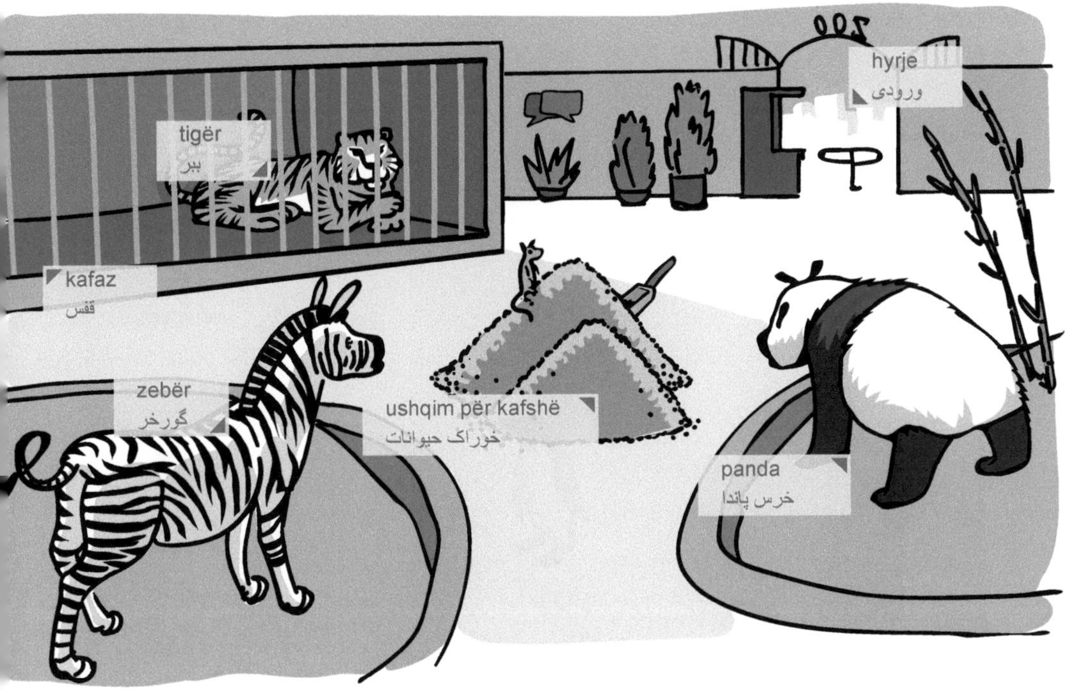

hyrje
ورودی
tigër
ببر
kafaz
قفس
zebër
گورخر
ushqim për kafshë
خوراک حیوانات
panda
خرس پاندا

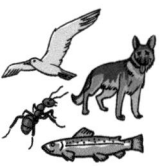

kafshë

حیوانات

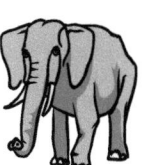

elefant

فیل

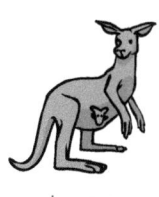

kangur

کانگورو

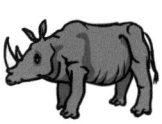

rinoceront

کرگدن

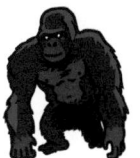

gorillë

گوریل

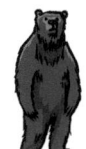

ari

خرس

deve

شتر

struc

شترمرغ

luan

شیر

majmun

میمون

flamingo

فلامینگو

papagall

طوطی

ari polar

خرس قطبی

pinguin

پنگوئن

peshkaqen

کوسه

pallua

طاووس

gjarpër

مار

krokodil

تمساح

punonjës i kopshtit zoologjik

نگهبان باغ وحش

fokë

خوک آبی

xhaguar

پلنگ امریکایی

poni

اسب کوچک

leopard

پلنگ

hipopotam

اسب آبی

gjirafë

زرافه

shqiponjë

عقاب

derr i egër

گراز

peshk

ماهی

breshkë

لاک پشت

lopë deti

شیرماهی

dhelpër

روباه

gazelë

غزال

futboll amerikan
فوتبال آمریکایی

çiklizëm
دوچرخه سواری

tenis
تنیس

basketboll
بسکتبال

not
شنا

boks
بوکس

hokej mbi akull
هاکی روی یخ

futboll

فوتبال

badminton

بدمینتون

atletikë

دوومیدانی

hendboll

هندبال

ski

اسکی

polo

پولو

aktivitet
فعالیت ها

qesh
خندیدن
hidhem
پریدن
përqafoj
بغل کردن
eci
راه رفتن
këndoj
آواز خواندن
ëndërroj
رؤیا دیدن
lutem
دعا کردن
puth
بوسیدن

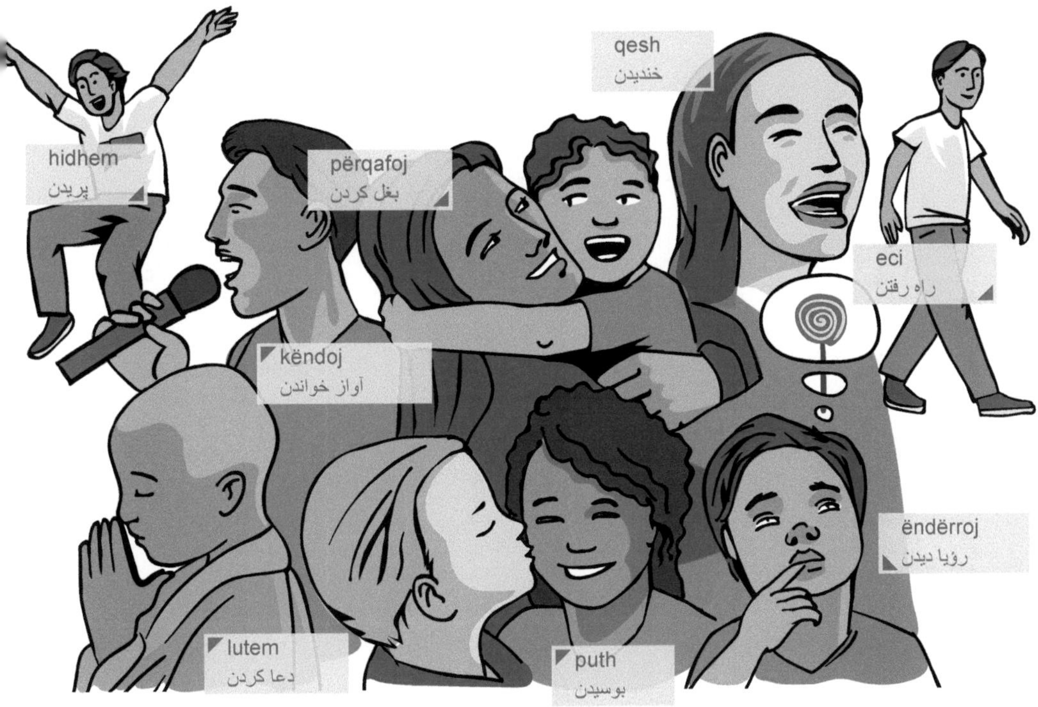

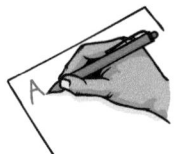

shkruaj
نوشتن

vizatoj
رسم کردن

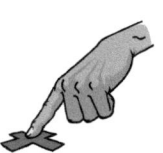

tregoj
نشان دادن

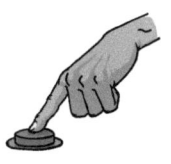

shtyj
هل دادن

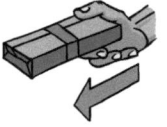

jap
دادن

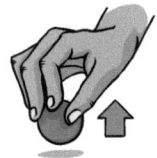

marr
برداشتن

kam

داشتن

bëj

انجام دادن

jam

بودن

qëndroj

ایستادن

vrapoj

دویدن

tërheq

کشیدن

hedh

پرتاب کردن

bie

افتادن

shtrihem

دراز کشیدن

pres

منتظر بودن

mbaj

حمل کردن

ulem

نشستن

vishem

لباس پوشیدن

fle

خوابیدن

zgjohem

بیدار شدن

shikoj

تماشا کردن

qaj

گریه کردن

përkëdhel

نوازش کردن

kreh

شانه کردن

bisedoj

حرف زدن

kuptoj

فهمیدن

kërkoj

پرسیدن

dëgjoj

شنیدن

pi

آشامیدن

ha

خوردن

sistemoj

مرتب کردن

dashuroj

عاشق بودن

gatuaj

پختن

drejtoj makinën

رانندگی کردن

fluturoj

پرواز کردن

lundroj

قایقرانی کردن

llogaris

محاسبه کردن

lexoj

خواندن

mësoj

یاد گرفتن

punoj

کار کردن

martohem

ازدواج کردن

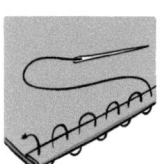

qep

دوختن

laj dhëmbët

مسواک زدن

vras

کشتن

tymos

سیگار کشیدن

dërgoj

فرستادن

gjyshe
مادربزرگ

gjysh
پدربزرگ

baba
پدر

nënë
مادر

bebe
کودک

vajzë
فرزند دختر

djalë
فرزند پسر

mysafir

مهمان

teze, hallë

خاله، عمه

dajë, xhaxha

دایی، عمو

vëlla

برادر

motër

خواهر

trupi

بدن

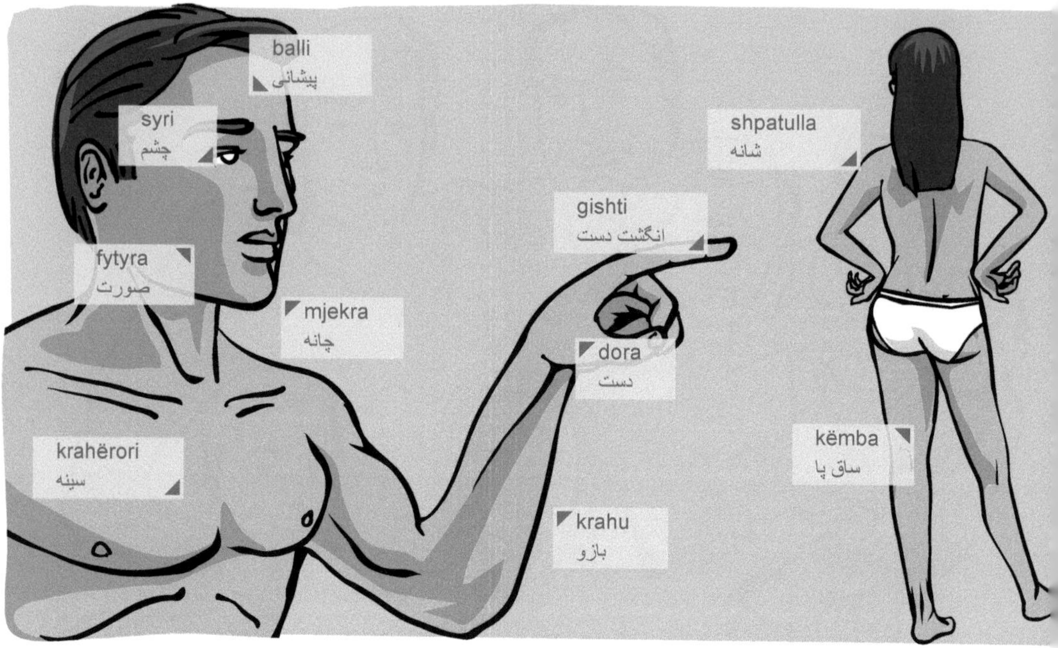

balli
پیشانی
syri
چشم
shpatulla
شانه
gishti
انگشت دست
fytyra
صورت
mjekra
چانه
dora
دست
kraharori
سینه
këmba
ساق پا
krahu
بازو

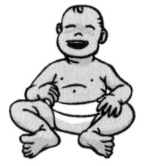

bebe

کودک

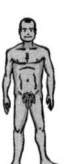

burrë

مرد

grua

زن

vajzë

دختربچه

djalë

پسربچه

koka

کله

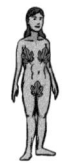

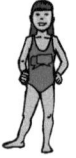

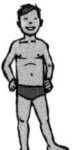

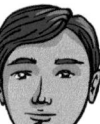

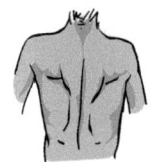

shpina

كمر

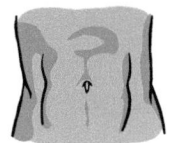

barku

شكم

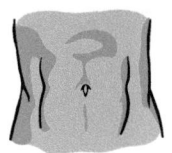

kërthiza

ناف

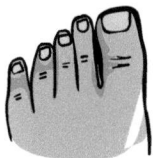

gisht këmbe

انگشت پا

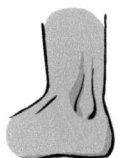

Thembra

پاشنه

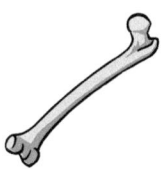

kockë

استخوان

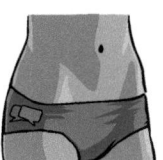

legeni

لگن

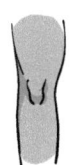

gjuri

زانو

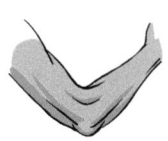

bërryli

آرنج

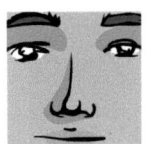

hunda

بینی

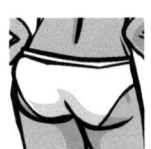

vithe

نشیمنگاه

lëkura

پوست

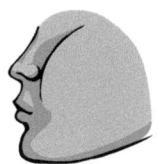

faqja

گونه

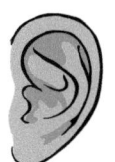

veshi

گوش

buza

لب

goja

دهان

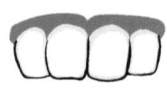

dhëmbët

دندان

gjuha

زبان

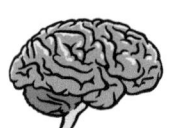

truri

مغز

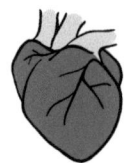

zemra

قلب

muskul

عضله

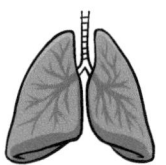

mushkëria

ريه

mëlçia

کبد

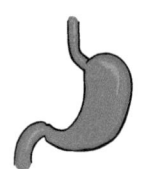

stomaku

معده

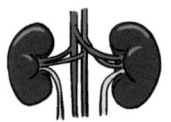

veshka

کلیه

seks

آمیزش جنسی

prezervativ

کاندوم

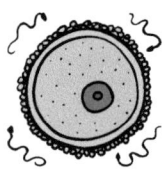

veza

تخمک

sperma

اسپرم

shtatëzani

حاملگی

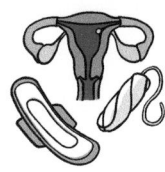

menstruacione
....
پریود

vagina
....
واژن

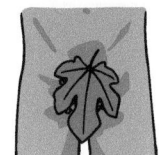

penis
....
آلت تناسلی مرد

vetulla
....
ابرو

flokët
....
مو

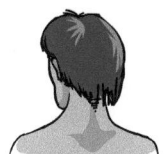

qafa
....
گردن

spital
بیمارستان

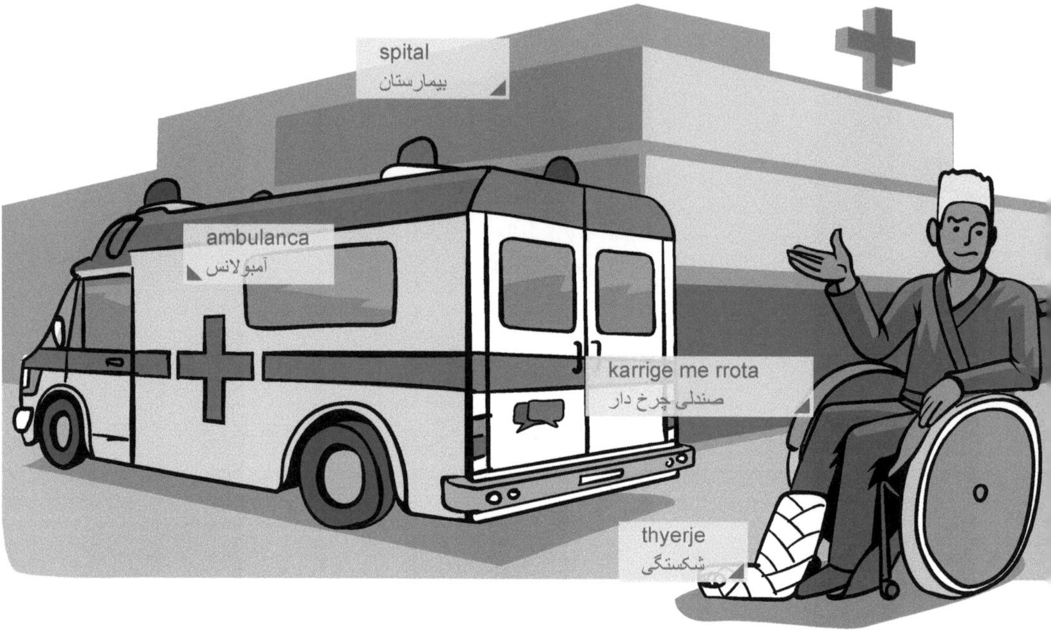

spital
بیمارستان
ambulanca
آمبولانس
karrige me rrota
صندلی چرخ دار
thyerje
شکستگی

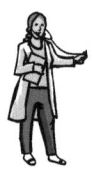

mjek

دکتر

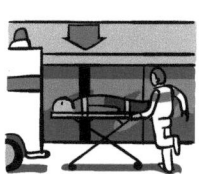

sallë urgjencash

بخش اورژانس

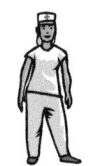

infermiere

پرستار

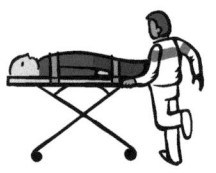

emergjencë

موقعیت اضطراری

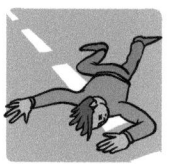

i pandërgjegjshëm

بی هوش

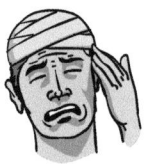

dhimbje

درد

dëmtim

مصدومیت

gjakosje

خونریزی

infarkt

سکته قلبی

goditje

سکته مغزی

alergji

الرژی

kolla

سرفه

ethe

تب

grip

آنفولانزا

diarre

اسهال

dhimbje koke

سردرد

kancer

سرطان

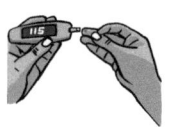

diabet

دیابت

kirurg

جراح

bisturi

چاقوی جراحی

operacion

عمل جراحی

CT (skaner)

سی تی اسکن

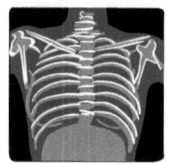

radiografi

پرتونگاری

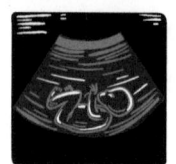

ultratingull

سونوگرافی

maskë fytyre

ماسک صورت

sëmundje

بیماری

dhomë pritjeje

اتاق انتظار

paterica

چوب زیر بغل

leukoplast

چسب زخم

fasho

پانسمان

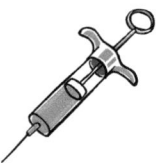

injeksion

تزریق

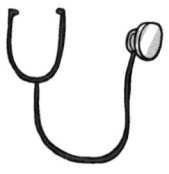

stetoskop

گوشی طبی

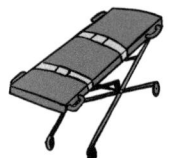

barelë

برانکار

termometër

دماسنج

lindje

زایش

mbipeshë

اضافه وزن

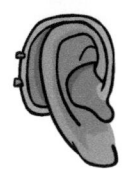

aparat dëgjimi

سمعک

dezinfektant

ماده ضد عفونی کننده

infeksion

عفونت

virus

ویروس

HIV / AIDS

اچ آی وی / ایدز

mjekësi, mjekim

دارو

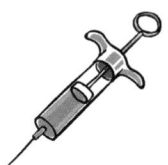

vaksinim

واکسیناسیون

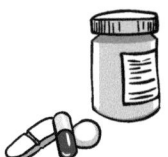

tableta

قرص

pilulë

قرص ضد حاملگی

telefonatë emergjence

تماس اظطراری

aparat tensioni

دستگاه اندازه گیری فشارخون

i sëmurë / i shëndetshëm

مریض / سالم

Ndihmë!

کمک!

alarm

آژیر خطر

sulm

حمله

atak

حمله ی فیزیکی

rrezik

خطر

dalje emergjence

خروج اظطراری

Zjarr!

آتش

fikëse zjarri

کپسول آتش نشانی

aksident

تصادف

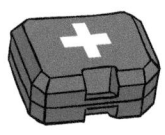

kuti e ndimës së shpejtë

جعبه کمک های اولیه

SOS

درخواست کمک

policia

پلیس

Europa

اروپا

Amerika e Veriut

آمریکای شمالی

Amerika e Jugut

آمریکای جنوبی

Afrika

آفریقا

Azia

آسیا

Australia

استرالیا

Atlantiku

اقیا نوس اطلس

Paqësori

اقیانوس آرام

Oqeani Indian

اقیانوس هند

Oqeani Antarktik

اقیا نوس اطلس جنوبی

Oqeani Arktik

اقیانوس منجمد شمالی

Poli i veriut

قطب شمال

Poli i Jugut

قطب جنوب

Antarktida

قاره قطب جنوب

toka

كره زمين

tokë

سرزمين

det

دريا

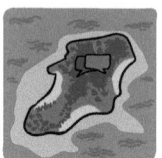

ishull

جزيره

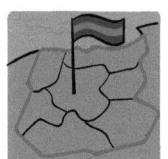

komb

ملت

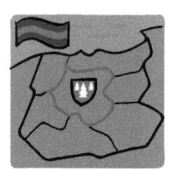

shtet

كشور

fusha e orës

صفحه ی ساعت

akrepi i orës

ساعت شمار

akrepi i minutave

دقیقه شمار

akrepi i sekondave

ثانیه شمار

Sa është ora?

ساعت چند است؟

ditë

روز

kohë

زمان

tani

اکنون

orë dixhitale

ساعت دیجیتال

minutë

دقیقه

orë

ساعت

javë

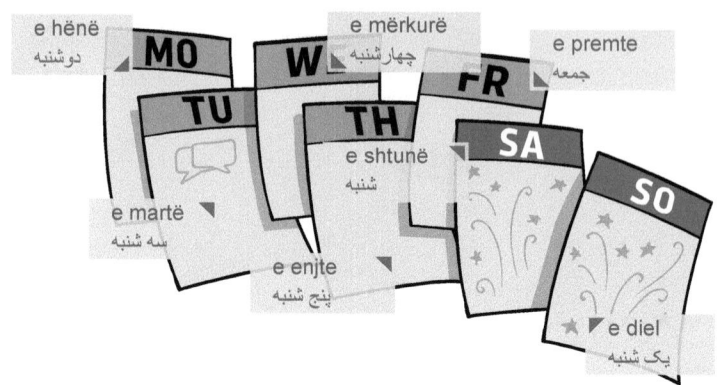

e hënë — دوشنبه
MO

e mërkurë — چهارشنبه
W

e premte — جمعه
FR

TU

TH
e shtunë — شنبه

SA

SO

e martë — سه شنبه

e enjte — پنج شنبه

e diel — یک شنبه

dje

دیروز

sot

امروز

nesër

فردا

mëngjes

صبح

mesditë

ظهر

mbrëmje

غروب

MO	TU	WE	TH	FR	SA	SU
1	2	3	4	5	6	7
8	9	10	11	12	13	14
15	16	17	18	19	20	21
22	23	24	25	26	27	28
29	30	31	1	2	3	4

ditë pune

روزهای کاری

MO	TU	WE	TH	FR	SA	SU
1	2	3	4	5	6	7
8	9	10	11	12	13	14
15	16	17	18	19	20	21
22	23	24	25	26	27	28
29	30	31	1	2	3	4

fundjavë

آخر هفته

vit

سال

ylber
رنگین کمان
shi
باران
borë
برف
erë
باد
pranverë
بهار
vjeshtë
پاییز
verë
تابستان
dimër
زمستان

4.APRIL 11°
5.APRIL 4°
6.APRIL 13°
7.APRIL 8°
8.APRIL 10°

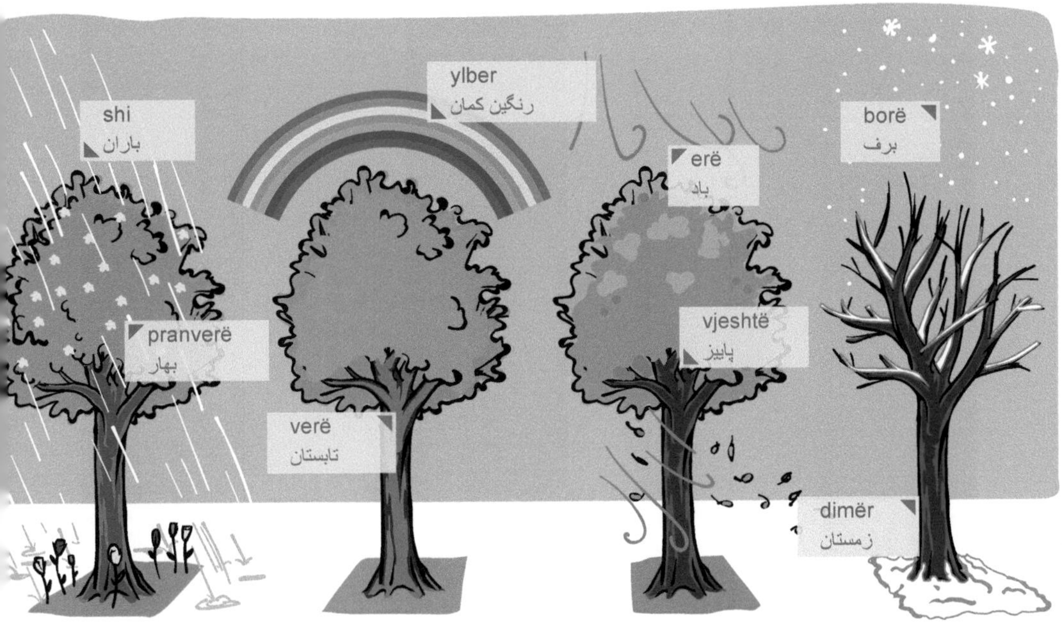

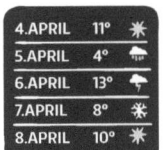

parashikimi i motit

پیش‌بینی اوضاع جوی

F C
120 40
90 30
60 20
30 10
0 0
-30 -10
-20

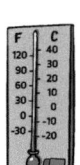

termometër

دماسنج

ndriçim dielli

تابش آفتاب

re

ابر

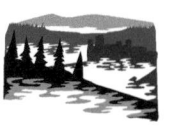

mjegull

مِه

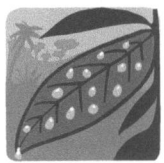

lagështi

رطوبت هوا

vetëtima

صاعقه

gjëmim

آسمان غره

stuhi

طوفان

breshër

تگرگ

muson

باد موسمی

përmbytje

سیل

akull

یخ

janar

ژانویه

shkurt

فوریه

mars

مارس

prill

آوریل

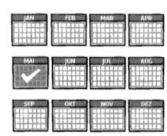

maj

مه

qershor

ژوئن

korrik

ژوئیه

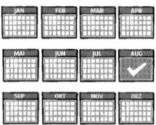

gusht

آگوست

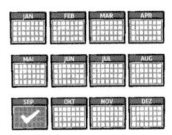

shtator
....
سپتامبر

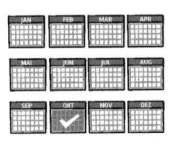

tetor
....
اکتبر

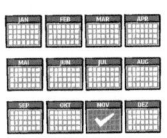

nëntor
....
نوامبر

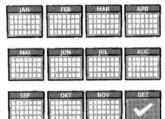

dhjetor
....
دسامبر

forma

أشكال

rreth
....
دایره

katror
....
مربع

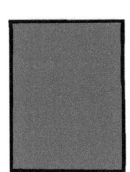

drejtkëndësh
....
مستطیل

trekëndësh
....
سه گوش

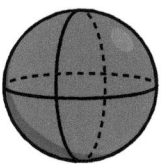

sferë
....
گره

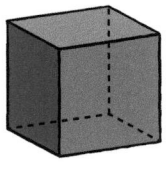

kub
....
مکعب مربع

e bardhë

سفید

e verdhë

زرد

portokalli

نارنجی

rozë

صورتی

e kuqe

قرمز

vjollcë

بنفش

blu

آبی

e gjelbër

سبز

kafe

قهوه ای

gri

خاکستری

e zezë

سیاه

shumë / pak

خیلی / کم

i nevrikosur / i qetë

خشمگین/ آرام

i bukur / i shëmtuar

زیبا / زشت

fillim / fund

شروع / پایان

i madh / i vogël

بزرگ / کوچک

i ndritshëm / i errët

روشن / تیره

vëlla / motër

برادر / خواهر

e pastër / e pistë

تمیز / آلوده

e plotë / jo e plotë

کامل / ناقص

ditë / natë

روز / شب

gjallë / vdekur

مرده / زنده

i gjerë / i ngushtë

پهن / باریک

i ngrënshëm / i pangrënshëm

قابل خوردن / غیر قابل خوردن

i keq / i këndshëm

غضبناک / مهربان

i lumtur / i mërzitur

هیجان زده / بی حوصله

i shëndoshë / i dobët

چاق / لاغر

e para / e fundit

اولین / آخرین

mik / armik

دوست / دشمن

plot / bosh

پر / خالی

e fortë / e butë

سفت / نرم

e rëndë / e lehtë

سنگین / سبک

uri / etje

گرسنگی / تشنگی

i sëmurë / i shëndetshëm

مریض / سالم

e paligjshme / e ligjshme

غیرقانونی / قانونی

i zgjuar / budalla

باهوش / خنگ

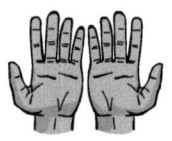

majtas / djathtas

چپ / راست

afër / larg

نزدیک / دور

e re / e përdorur

نو / استفاده شده

asgjë / diçka

هیچ چیز / چیزی

i moshuar / i ri

پیر / جوان

ndezur / fikur

روشن / خاموش

hapur / mbyllur

باز / بسته

i qetë / i zhurmshëm

آهسته / بلند

i pasur / i varfër

ثروتمند / فقیر

e drejtë / e gabuar

درست / غلط

i ashpër / i butë

زبر / صاف

i mërzitur / i lumtur

غمگین / خوشحال

i shkurtër / i gjatë

کوتاه / بلند

ngadalë / shpejt

کند / تند

i lagësht / i thatë

تر / خشک

ngrohtë / freskët

گرم / خنک

luftë / paqe

جنگ / صلح

0

zero

صفر

1

një

یک

2

dy

دو

3

tre

سه

4

katër

چهار

5

pesë

پنج

6

gjashtë

شش

7

shtatë

هفت

8

tetë

هشت

9

nentë

نه

10

dhjetë

دَه

11

njëmbëdhjetë

یازده

12
dymbëdhjetë
دوازده

13
trembëdhjetë
سیزده

14
katërmbëdhjetë
چهارده

15
pesëmbëdhjetë
پانزده

16
gjashtëmbëdhjetë
شانزده

17
shtatëmbëdhjetë
هفده

18
tetëmbëdhjetë
هجده

19
nentëmbëdhjetë
نوزده

20
njëzetë
بیست

100
qind
صد

1.000
mijë
هزار

1.000.000
milion
میلیون

anglisht

انگلیسی

anglishte amerikane

انگلیسی آمریکایی

kinezisht mandarin

چینی ماندارین

hindi

هندی

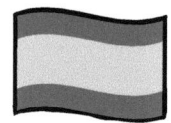

spanjisht

اسپانیایی

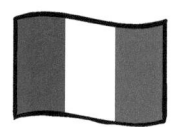

frëngjisht

فرانسوی

arabisht

عربی

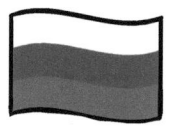

rusisht

روسی

portugalisht

پرتغالی

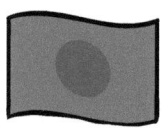

bengalisht

بنگالی

gjermanisht

آلمانی

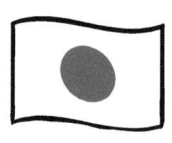

japonisht

ژاپنی

unë

من

ti

تو

ai / ajo

او

ne

ما

ju

شما

ata

آنها

kush?

چه‌ کسی؟ کی؟

çfarë?

چی؟

si?

چگونه؟

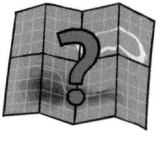

ku?

کجا؟

kur?

کی؟

emër

نام

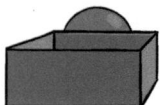

pas

پشت

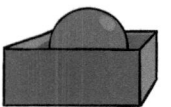

në

توی

përballë

جلو

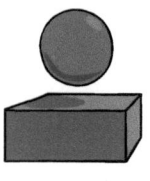

sipër

بالای

mbi

روی

poshtë

زیر

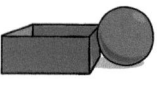

pranë

مجاور

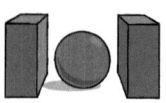

midis

بین

vend

مکان